VISITANDO MI COMUNIDAD

EL ZOOLÓGICO

John Willis

LIGHTBOX
openlightbox.com

LIGHTBOX

Entre a
www.openlightbox.com
e ingrese el código único
de este libro.

CÓDIGO DE ACCESO

LBXT8598

Lightbox es una completa solucióndigital para enseñar y aprender temas curriculares de una manera original e innovadora. Lightbox se basa en las Normas Curriculares Nacionales.

OPTIMIZADO PARA

- ✔ TABLETAS
- ✔ PIZARRAS ELECTRÓNICAS
- ✔ COMPUTADORAS
- ✔ ¡Y MUCHO MÁS!

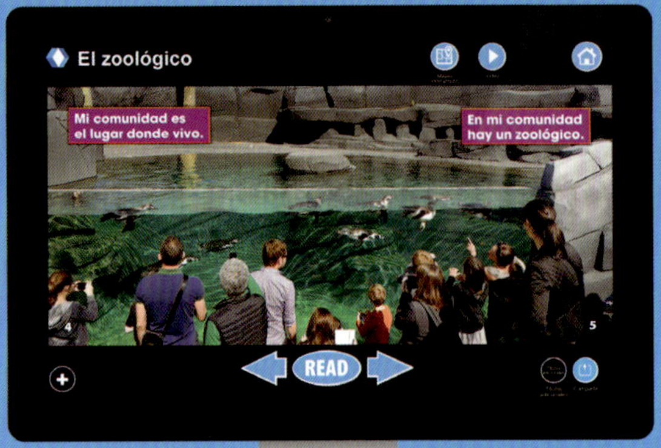

CARACTERÍSTICAS ESTÁNDAR DE LIGHTBOX

- **AUDIO** Narraciones de alta calidad con sistema de texto a voz
- **VIDEOS** Videoclips de alta definición incorporados
- **ACTIVIDADES** PDFs imprimibles que pueden enviarse por correo electrónico y calificarse
- **ENLACES WEB** Enlaces cuidadosamente seleccionados con recursos seguros para niños
- **PRESENTACIÓN EN DIAPOSITIVAS** Ilustraciones gráficas de los conceptos clave
- **MAPAS INTERACTIVOS** Mapas interactivos e imágenes satelitales aéreas
- **CUESTIONARIOS** Diez preguntas de elección multiple con puntaje automático que se envían por correo electrónico al docente para su evaluación
- **PALABRAS CLAVE** Combinación de los conceptos clave con sus definiciones

RECURSOS SUPLEMENTARIOS

- **COMPARTE** Comparte títulos dentro de tu Sistema de Gestión de Aprendizaje (LMS) o Sistema de Circulación de Bibliotecas
- **CURRÍCULO** Encuentre correlaciones curriculares Nacionales y Estatales.
- **CITAS** Crea referencias bibliográficas siguiendo los estilos de APA, CMOS y MLA

VIDEOS

ENLACES WEB

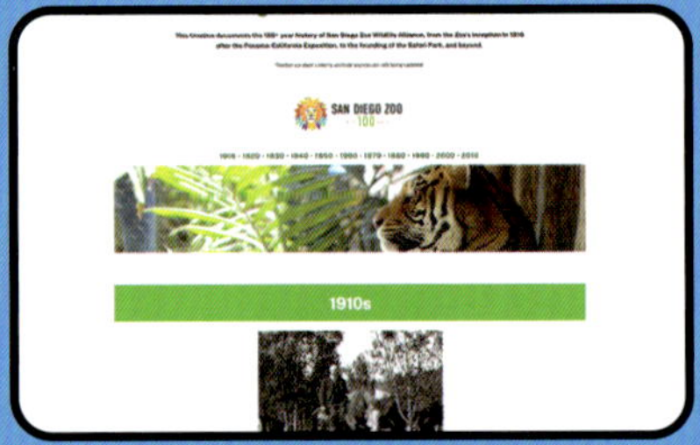

PRESENTACIÓN EN DIAPOSITIVAS

CUESTIONARIOS

Este título está incluido en nuestra suscripción digital de Lightbox

Suscripción en español de K–5 por 1 año
ISBN 978-1-5105-5935-6

Accede a cientos de títulos de Lightbox con nuestra suscripción digital.
Regístrate para una prueba **GRATUITA** en **www.openlightbox.com/trial**

Se garantiza que los componentes digitales de este libro estarán activos por al menos cinco años desde la fecha de publicación.

EL ZOOLÓGICO

Contenidos

2 Código de acceso a Lightbox
4 El zoológico
6 Los animales
8 Los trabajadores del zoológico
10 Los veterinarios
12 Los cuidadores
14 Los recintos
16 Afuera y adentro
18 La hora de comer
20 De visita con mi clase
22 Actividad

Mi comunidad es el lugar donde vivo.

En mi comunidad hay un zoológico.

En el zoológico viven muchos animales diferentes.

Visito el zoológico para aprender sobre ellos.

El zoológico de San Diego, en California, **es uno de los zoológicos más visitados** de los Estados Unidos.

En el zoológico trabajan cuidadores y veterinarios.

Ellos cuidan a los animales del zoológico.

Los veterinarios se aseguran de que los animales estén sanos.

Si están enfermos, les dan medicinas.

Hablo con los cuidadores del zoológico.

Me enseñan sobre los animales que cuidan.

En los zoológicos y acuarios de los Estados Unidos trabajan más de **27 000** personas.

Cada tipo de animal del zoológico tiene su propia casa.

Sus casas se asemejan a su hogar en la naturaleza.

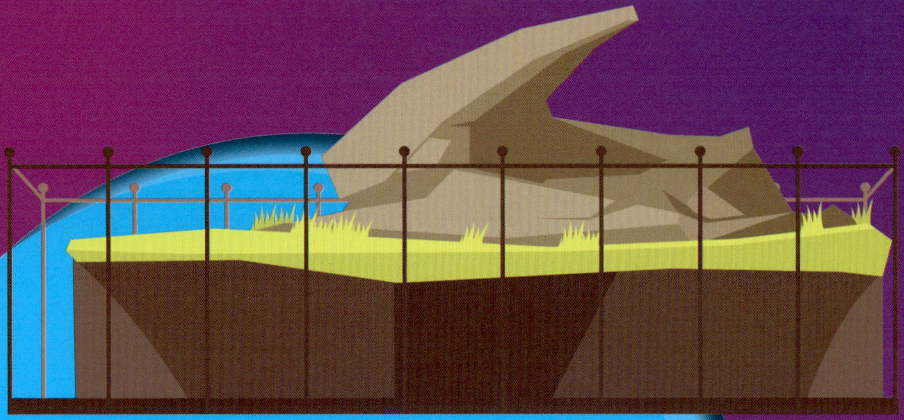

El hogar de los animales del zoológico se llama **recinto**.

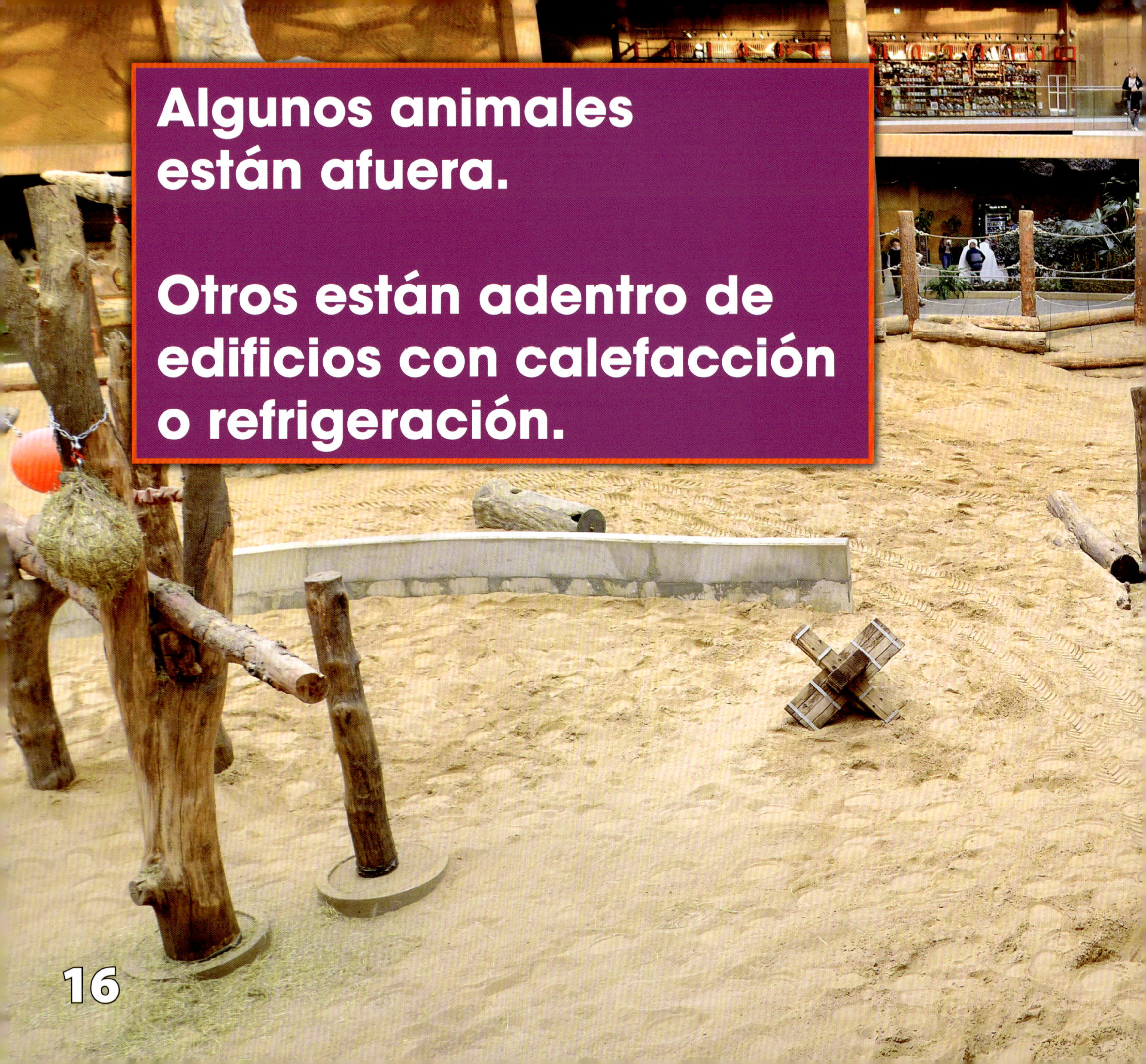

Algunos animales están afuera.

Otros están adentro de edificios con calefacción o refrigeración.

Los cuidadores usan muchos elementos para que los animales estén contentos.

Usan juegos para que los animales se entretengan buscando su comida.

Una jirafa puede llegar a comer **75 libras** de alimento **por día**.

Iremos al zoológico con mi clase.

Allí aprenderemos cómo proteger a los animales silvestres.

¿Qué has aprendido sobre los zoológicos?

¿En qué fotos se puede ver un zoológico?

Published by Lightbox Learning Inc.
276 5th Avenue, Suite 704 #917
New York, NY 10001
Website: www.openlightbox.com

Library of Congress Control Number: 2024947246

ISBN 978-1-5105-8577-5 (hardcover)
ISBN 978-1-5105-8576-8 (static multi-user eBook)
ISBN 978-1-5105-8574-4 (interactive multi-user eBook)

102024
112024

Printed in Guangzhou, China
1 2 3 4 5 6 7 8 9 0 29 28 27 26 25

Designer: Ana María Vidal
English Project Coordinator: John Willis
Spanish Project Coordinator: Sara Cucini
English/Spanish Translation: Translation Services USA

The publisher acknowledges Alamy, Dreamstime, Getty Images, Minden Pictures, and Shutterstock as its primary image suppliers for this title.